www.ingramcontent.com/pod-product-compliance
Lightning Source LLC
Chambersburg PA
CBHW081528220526
45467CB00010B/3087
* 9 7 8 1 7 0 6 8 4 5 9 2 8 *